रचनाएँ प्रीत की

प्रतीक नरसिम्हा

BookLeaf Publishing

Presentation by *BookLeaf Publishing*

Web: www.bookleafpub.com

E-mail: info@bookleafpub.com

ISBN: 9789357742177

First edition 2023

मेरे माता-पिता प्रीति नरसिम्हा एवं एच एस
नरसिम्हा, बहन राजेश्वरी, एवं माता समान
शिक्षिका रचना शर्मा जी को समर्पित।

आभार

मैं सर्वप्रथम अपने माता-पिता का आभार व्यक्त करता हूँ क्यूँकि उनकी परवरिश के बिना मैं संगीत और कविता की दुनिया से साक्षात्कार ही नहीं कर पाता। मेरे संगीत एवं हिंदी के शिक्षकों का आभार कि उन्होंने जीवन को काव्यात्मक रूप से देखना सिखाया। मैं मन से आभारी हूँ अपनी बहन राजेश्वरी का जिसने मुझे एक बेहतर व्यक्ति बनने के लिए प्रेरित किया। मैं आभारी हूँ मेरी प्रिय शिक्षिका स्वर्गिया डॉ रचना शर्मा जी का जिनका निश्छल प्रेम पाने का सौभाग्य मुझे प्राप्त हुआ।अपने उन सभी मित्रों, और साथियों का आभार जिन्होंने मुझे वो अनुभव दिए जो मेरी कविताओं और गीतों में उभर कर आए। मेरे ख़ास मित्रों का आभार जिसने इस पुस्तक को लिखने की प्रेरणा दी। मैं आभारी हूँ जीवन का जो मुझे मिला है और मुझे अनुभवों से परिपूर्ण करता रहा है।

प्रतीक नरसिम्हा
२१ फ़रवरी, २०२३

प्रस्तावना

मैंने कभी सोचा नहीं था कि मैं अपने मन के विचारों को एक पुस्तक के रूप में जग के सामने प्रस्तुत करूँगा। प्रस्तावना तो छोड़िए, मैंने अपनी कविताओं को कभी शीर्षक तक देने की ज़रूरत नहीं समझी थी। मेरे मन से निकले शब्द जो इन कविताओं के रूप में बाहर आए हैं, मेरे दोस्त हैं। इन कविताओं ने मुझे ख़ुद को समझने में सहायता की है और मुझे स्वयं के क़रीब लाया है। मेरी विनती है की इस पुस्तक के इन पृष्ठों में समय गँवाने से बेहतर होगा की पाठक कविताओं के ज़रिए थोड़ा जल्दी मेरे मन को समझ पाएँगे और मेरे आत्मीय बन पाएँगे। अतः मैं आपसे आग्रह करता हूँ की आगे लिखी हुई कविताओं को ज़रूर पढ़ें।

प्रतीक नरसिम्हा
२१ फ़रवरी, २०२३
वाराणसी

नहीं लिखी जाती कविता

नहीं लिखी जाती आजकल मुझसे कविता,
ना कोई लिख पाता हूं नया गीत,
पुरानी लिखी अधूरी पंक्तियों को निकालता हूं,
उनको घंटो देखता हूं, पढ़ता हूं,
फिर सोचता हूं कि इनको कैसे संवारूं।

क्यूं करता हूं ऐसा?
क्योंकि वसंत में जो स्वयं ही
उग आती हैं कोपलें,
ग्रीष्म काल में जीवित रखने के लिए
उनको पानी थोड़ा ज्यादा देना पड़ता है।

छोटी बातें छोटे आँसू

एक हँसी में सालों की ख़ुशी है
कई सालों का दुःख चंद पलों में

छोटी छोटी बातों की
मुझको होती है बहुत ख़ुशी,
ग़म कितने भी हों बड़े मगर
रोना इतना सा आता है,

आसुओं और मुस्कुराहटों के
बीच जो ये अनबन सी है,
ये तराज़ू की एक बाज़ू पे
ज़्यादा भार किसने डाला है?

कितने प्रतिशत ?

3

जानता हूं मैं कुछ लोगों को,
कुछ मेरे जैसे कुछ मुझसे अलग,
कितने प्रतिशत मेरे जैसे और
कितने प्रतिशत मुझसे अलग?

ये प्रतिशत की जो बात कही है,
किसी संख्या से ये ग्राह्य नहीं है,
कोई लेकिन पूरा का पूरा मुझको
ना मुझ सा मिला न मुझसे अलग।

सपने दूर के

कहीं ऐसा तो नहीं कि
मैंने सपने बहुत दूर के देख लिए?
ऐसे सपने जो शायद कभी पूरे न होंगे,
मगर उनको देखना अच्छा लगता है।

कहीं ऐसा तो नहीं कि मैंने कर ली हैं उम्मीदें
उम्मीदें एक ऐसे कल की जो
कभी पूरी होंगी या नहीं मगर
उस कल के लिए किया और लिया हुआ
हर एक वादा सच्चा लगता है।

कहीं ऐसा तो नहीं कि मैंने
बांध लिए हैं धागे कई सारे?
ये समझ के कि सब धागे हैं पक्के,
मगर उलझता जा रहा हूं इनमें इस क़दर
कि अब हर धागा कच्चा लगता है।

कोई ख़्याल

5

कोई ख़्याल गर दिल में आए
और तुम इत्तेफ़ाक नहीं रखते उससे,
तो उसे नकारने से पहले ख़ुद को टटोलो,
पूछो ख़ुद से कि कहीं दिल तंग तो नहीं तुम्हारा?

जाओ उस ख़्याल की तह तक
जानो उसकी जड़ों को,
काफ़ी मशक्क़त होगी, मेहनत लगेगी
मगर अंत में पाओगे यही कि
कहीं न कहीं दिल तंग था तुम्हारा।

घर

जहां सब गड़बड़ होते हुए भी ठीक लगे
वो जगह घर होती है,
जिन लोगों से कभी कभी मनमुटाव हो फिर भी,
अपनापन न जाए
वो जगह घर होती है।
घर कभी कोई जगह, कभी कोई इंसान, कभी कोई
किताब, कोई गाना,
जहां भी ख़ुद को ख़ुद के पास पाते हैं हम,
वो जगह घर होती है।

आवाज़ की नाव

वो कहते रहे फिल्मी नग़मों में,
बातें जो अब अटपटी लगती हैं,
मगर मैं ठहरा संगीत का प्रेमी,
सो, बातें मानता चला गया।

सुर हमेशा होता है सच्चा,
मगर अल्फाज़ गुमराह करते रहे,
मगर मैं ठहरा सतह का तैराक,
सो, अल्फाज़ों के ताने बाने में
गुंथता चला गया।

बना कर गीतों को पैमाना,
मापा मैंने जिंदगी का हर मोड़,
सुरों की सच्चाई समझे बिना,
शब्दों में उलझता चला गया।

नहीं जान पाया हूं अब तक,
सुर और अक्षर की इस लड़ाई में,
किसे जिताऊं किससे हारूं,

मैं तो सिर्फ अपनी आवाज़ की नाव बना कर,
इस दरिया में सफर करता चला गया।

मेरी बेचैनी के कारण

मुझे पता हैं मेरी बेचैनी के कारण सारे
जान चुका हूं सत्य कई हैं,
जीना है तो करने होंगे धारण सारे।

बुद्धि नहीं सम्बुद्धि ही है सृष्टि की जननी,
एक नहीं है इस जीवन के रूप, कई हैं,
जड़ हो या चेतन हो हैं असाधारण सारे।

जितनी है मेरी उम्र उतना हि नहीं जीवन मेरा,
एक समय पर आयु एक है मगर जन्म कई हैं,
जीवन समुद्र में हैं मिले कई नदियों के धारे।

वेद भी हूं, उपनिषद भी हूं, मैं ही हूं गीता भी,
सूफ़ी का सवेरा भी है मुझमें, है मुझमें ही कबीर भी,
जीवन नहीं है एक किसी व्यक्ति की छाया जान चुका हूं,
बुद्धि ने किए जतन अनेक मगर आई वो सदा मन के ही द्वारे।

यह व्यर्थ प्रश्न है कि कौन यहां किसको उबारता,
देव मनुष्य को या मनुष्य है देव को सुधारता,
जब जब जैसा मनुष्य हुआ है वैसा ही उसने भगवान बुना है,
समय पटल के आकाश पे हैं हम सब जैसे असंख्य तारे,
जान चुका हूं सत्य सभी हैं,
जीना है तो करने होंगे धारण सारे।।

दिल और धड़कन का फ़ासला

जब कभी बारिश में भींगता हूं,
तो बूंदें पहले माथे पर,
फिर होठों पर पड़ती हैं,
धीरे से जीभ निकाल कर
स्वाद लेता हूं उन बूंदों का,
हौले से वो बूंदें फिर
सारे बदन को गीला कर जाती हैं,
कुछ इसी तरह मैंने आज
अपनी धड़कनों को महसूस किया,
पहले बदन में हर जगह,
लेकिन दिल थोड़ा दूर है धड़कन से
इसलिए सबसे आख़िर में
वो पहुंचीं मेरे दिल तक,

दिल और धड़कन के बीच का
ये फासला कैसे नापा जाता है?

बहाने

जो ये जिंदगी जिए जा रहा है,
गलतियां किए जा रहा है,
दो पल का जीवन है,
इस बहाने की आड़ में,
ज़हर लिए और दिए जा रहा है!

भूल जाता है तू आसानी से,
और मुस्कुरा कर बेईमानी से,
दो पल का जीवन है,
इस बहाने की आड़ में,
स्वयं को छलता आ रहा है!

व्यर्थ है तेरी लड़ाई,
तेरे ही प्रतिबिंब से,
प्रारब्ध तेरा लिख रही नियति
तेरे ही कर्मों की स्याही से,

दर्पण को वैरी मत बना,
आज है वो कल नहीं,
छाया से कर ले दोस्ती
क्यूं बेतुके फसानों की आड़ में,
अपनी परछाईं से दूर चला जा रहा है?

मुश्किल होता है

कुछ बातें कहना,
कुछ बातें सुनना,
कभी बातें पूरी सुन के फिर अपनी कहना,
मुश्किल होता है,

सिर्फ किसी को सुनना,
कभी किसी को केवल,
अपने मन की कहने देना,
मुश्किल होता है,

कोई बोलता रहे मुझसे,
तो अपने ख्यालों को रोक कर,
मन को चुप रखना,
मुश्किल होता है,

कोई बांट रहा हो अपना दुख,
और पा रहा हो उसमें क्षणिक सुख,
तो अपने दुखों को ताख़े में किताबों के बीच,
छुपा कर रखना,
मुश्किल होता है।

दो श्मशानों के बीच

दो श्मशानों के बीच रह कर भी मैंने,
क्षणभंगुरता का पाठ, नहीं सीखा

जहां है मृत्यु का जीवन से ज़्यादा महत्व,
वहां मैंने जनम और मरण का अंतर, नहीं सीखा

कई सभ्यताओं से भी पुराने इस शहर में मैंने,
क्षणिक भावनाओं से उबरना, नहीं सीखा

कबीर और तुलसी के इस शहर में,
मैंने जीवन को काव्यमय करना, नहीं सीखा

जिस शहर में सब गुरु हैं, उस शहर में मैंने
ख़ुद का गुरु कैसे बनते हैं, नहीं सीखा।

कभी अविरल धारा और कभी पत्थर

कभी अविरल धारा और कभी
पत्थर हो जाने का मन करता है,
कभी गंगा और कभी,
उसके किनारे के घाट बन जाने का मन करता है,

कभी चाहता हूं कि घाटों की तरह
खड़ा रहूं अडिग,
और कभी हर घाट से
गुज़र जाने का मन करता है,

कभी चाहता हूं कि दूं गवाही हर उस वक्त की
जो बह गया सामने से ठीक इस नदी की तरह,
और कभी इसी नदी की तरह इस शहर से
बह कर दूर निकल जाने का मन करता है।

क्या ढूँढते हो?

क्या ढूंढते हो?
कभी इसमें, कभी उसमें,
कभी ख़ुद में?
क्या ढूंढते हो?
कुछ ऐसा जो खो गया है?
या वो जो कभी मिला ही नहीं?

दौड़ जाते हो जो तुम,
एक झलक सी दिखते ही,
जो दिखता है वो मृगतृष्णा है,
क्यूं तुम कभी सीखते नहीं?

प्लेटो, अरस्तू, मार्कस और कौटिल्य,
इन सब के कथनों को तो पढ़ डाला,
प्रेमचंद, जयदेव, दिनकर और बच्चन,
इनके उद्गारों को तो मन में भर डाला,

मगर नहीं पढ़ सके हो अब तक तुम,
ख़ुद की और अपनों की आत्मव्यथा,
कहते हो जो स्वयं को कवि-कलाकार,
फिर क्यूं नहीं लिखी अब तक ख़ुद की कोई कथा?

रात का सपना

कल रात मैंने देखा एक सपना,
कश्ती थी, मैं था और था कोई अपना,

कश्ती थी गहरे पानी में,
या पानी कश्ती में था गहरा,
क्यूं था जगह-जगह पानी में,
खूंखार मगरों का पहरा?

जो अपना था उस कश्ती में,
वो सच था या सिर्फ था सपना?
जब था मैं गहरे पानी में तो
क्यूं नहीं बढ़ाया उसने हाथ अपना?

जब आए खूंखार मगर मेरे लिए,
तब मैं चीखा, चिल्लाया,
लेकिन रात नहीं किसी की हमदर्द,
ये पहली बार समझ में आया,

हुई सुबह, नींद गई,
गए वो मगर, और वो सपना,
ना सपने में और न होश में,
ना कहीं और था वो, जो था अपना।

कल रात मैंने देखा एक सपना।।

अनुभव से अभिव्यक्ति तक

कभी अनुभव और कभी अभिव्यक्ति के ज़्यादा पास
था,
अक्सर ख़ुद से दूर लेकिन हमेशा तुम्हारे साथ था,

तुम गए मुझसे दूर,
तुमने कहा मुझे जो मन में आया भरपूर,
लेकिन तुम गए भरी दोपहरी में मुझे छोड़,
और मैं वहीं खड़ा सारी रात था,

उस रात की हुई सुबह,
देर से हुई मगर कोई ग़िला नहीं मुझे,
मिटे मेरे मन से कई वहम,
तुम्हारा जाना जैसे मेरे जीवन का
सबसे बड़ा पर्दाफाश था,

कुछ और हुआ हो या ना हुआ हो,
मगर उस रात के बाद से,
अनुभव से अभिव्यक्ति तक का रास्ता,
बिलकुल साफ था।

बनारस

ये जो बनारस है,
यहां भीड़ ठसाठस है,
लंका से गोदौलिया,
गोदौलिया से सिगरा,
सिगरा से कैंट जाने वालों की,
अस्सी से दशाश्वमेध,
दशाश्वमेध से मणिकर्णिका,
मणिकर्णिका से राजघाट जाने वालों की,

इस भीड़ में कहीं खोया सा,
मेरा सुख दुःख नितांत सोया सा,
मैं ढूंढ रहा हूं अपनी गंगा।

भक्ति और विरक्ति

तुमसे नहीं मुझको व्यथा
कोई नहीं ना वैर है,
मैं हूँ परेशां ख़ुद से ही,
मेरा दिल ही मुझसे ग़ैर है।

मुझसे ही होती हैं शुरू
मेरी सभी दुश्वारियां,
ख़ुद के लिए हूँ एक पहेली,
हूँ वहां कभी हूँ यहां।

कोशिशें है की बहुत
मैंने वो व्यक्ति बनने की,
जो हो सभी की आंखों का तारा,
वो व्यक्ति बनने की।

मैंने किया है जो भी वो
है किया बहुत ही भक्ति से,
लेकिन किया मुझे ज़िन्दगी ने,
भरपूर हर एक विरक्ति से।

इन्हीं विरक्तियों से मैंने
बनाई अपनी ढाल है,
जो पाया उसका शुक्रिया,
जो नहीं उसका ना मलाल है।

भक्ति और विरक्ति के दो छोर,
इनके बीच में जीवन मेरा,
क्या करूँ मैं कह किसी से,
यह अंत: रण-चिंतन मेरा।

मैं

स्वच्छंद हूँ सविवेक हूँ
कभी गौण कभी अतिरेक हूँ,
हूँ कभी एक बिंदु बस,
और कभी आकाश हूँ।

कभी हूँ अतीत का अट्टहास,
कभी भविष्य का स्वांग हूँ,
कभी इन दोनों के बीच में,
व्याकुल व्यथित वर्तमान हूँ।

कभी इसका था कभी उसका था,
जाने कभी किस किस का था,
ना पकड़ सके तुम जिस समय को,
मैं भी उस समय का दास हूँ।

स्वच्छंद हूँ सविवेक हूँ,
कभी गौण कभी अतिरेक हूँ।।

ख़ुद के लिए एक संदेश

लगे सत्ताईस साल,
मगर अब लगने लगा है,
मेरे और जीवन के बीच,
एक अच्छा संबंध बनने लगा है।

गए कई आए कई,
मगर अब लगने लगा है,
मुझे अब कभी कभी,
ख़ुद का साथ मिलने लगा है।

इधर लगाया उधर लगाया,
न जाने मन को किधर किधर लगाया,
लेकिन अब जा कर कहीं,
ये मन मुझमें लगने लगा है।

लगे सत्ताईस साल,
मगर अब लगने लगा है,
मेरे और जीवन के बीच,
एक अच्छा संबंध बनने लगा है।

कैसे छोड़ दूँ?

कैसे छोड़ दूं?
किसी से मिलन की आशा,
मिलन के सुख की आशा,
सुख निरंतर मिलता रहे उसकी आशा,
कैसे छोड़ दूं?

कैसे छोड़ दूं,
किसी के प्रेम में पड़ने का सुख,
फिर उस प्रेम के ख़त्म होने का दुःख,
दुःख कभी तो हो ख़त्म ऐसी आशा,
कैसे छोड़ दूं?

कैसे छोड़ दूं,
काम अर्थ और मोह का जाल,
मोक्ष की नदिया में बह जाने की इच्छा,
जीवन का सुर और उसको लय देती तुम्हारी ताल,
कैसे छोड़ दूं?